OBSCURIGRAPHOTECHNIE.

ART

De déchiffrer sans maître les anciennes écritures, et toutes celles faites en chiffres, notes de musiques, figures de dessins, signes imaginaires, etc.

PAR

JULES MOUCHIROUD.

de Saint=Vallier.

DEUXIÈME ÉDITION.

PROSPECTUS.

L'Obscurigraphotechnie est une science au moyen de laquelle on arrive à déchiffrer avec facilité les écritures les plus illisibles, les écritures anciennes, à quelque siècle qu'elles appartiennent; celles faites en chiffres, signes de mathématiques, en caractères exotiques, figures de dessin ou notes de musiques; celles exprimées par l'assemblage des couleurs ou le mélange des fleurs; celles cachées sous la combinaison des sons musicaux, et généralement sous toute forme perceptible à l'oreille ou à l'œil.

L'Obscurigraphotechnie s'applique particulièrement au déchiffrement des écritures anciennes à quelque siècle qu'elles appartiennent, et se recommande à ce titre aux savans et aux archéologues, à la magistrature, au barreau, à MM. les notaires et experts-géomètres.

Basée sur les lois logiques et grammaticales, elle intéresse spécialement les établissemens d'instruction publique, parce qu'elle aide dans l'étude de la langue, ouvre et développe l'imagination et habitue à la comparaison qui fait les bonnes études et forme le jugement.

Fruit d'un travail long, pénible et consciencieux, la méthode de M. MOUCHIROUD s'adresse aux amis des sciences et des lettres, comme aux hommes du monde : elle offre surtout aux dames une source féconde de délassemens agréables et de combinaisons ingénieuses. Il n'est donc pas douteux qu'elle n'obtienne un succès d'estime et de bienveillance dans le monde comme elle l'a déjà obtenu des corps savans, les plus recommandables de France.

Ce qui doit surtout la propager, c'est qu'elle est sûre et infaillible, et tellement simple que chacun, avec une intelligence ordinaire et une instruction même superficielle, peut facilement l'apprendre en deux heures.

PRIX 5 fr.

Nota. — Le professeur prend l'engagement de passer dans toutes les villes ou 100 de ses Méthodes, au moins, auront été placées, et de donner à tous les souscripteurs une séance publique et gratuite, dans laquelle il leur démontrera sa science dans tous ses détails.

On souscrit au Puy, au dépôt central, chez M. CLET, *imprimeur au 3ᵉ.*

Et à

Au Puy, imp. de F.-M. CLET.

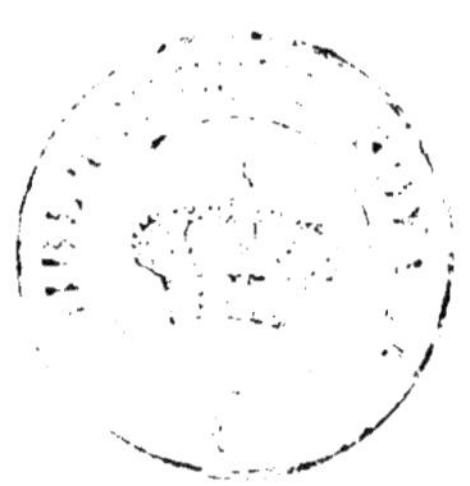

OBSCURIGRAPHOTECHNIE.

MÉTHODE

MOUCHIROUD.

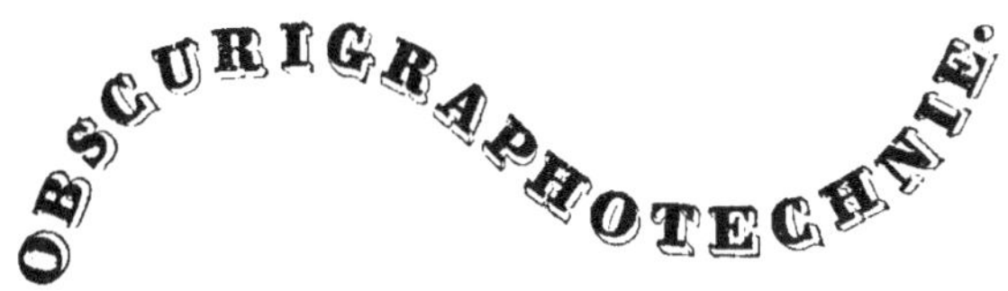

ART

De déchiffrer sans maître les anciennes écritures en toutes celles faites en chiffres, notes de musique, figures de dessin, signes imaginaires, etc.

Deviner une pensée secrète, formulée en caractères inconnues, tel est le problème dont la solution était réservée à la méthode d'Obscurigraphotechnie.

PAR

JULES MOUCHIROUD,

de Saint-Vallier.

DEUXIÈME ÉDITION.

AU PUY,

AU DÉPOT CENTRAL

1841.

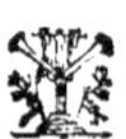

Préface.

L'Obscurigraphotechnie est une science au moyen de laquelle on arrive à déchiffrer avec facilité les écritures les plus illisibles, les écritures anciennes, à quelque siècle qu'elles appartiennent; celles faites en chiffres, signes de mathématiques, en caractères exotiques, figures de dessin ou notes de musique; celles exprimées par l'assemblage des couleurs ou le mélange des fleurs; celles cachées sous la combinaison des sons musicaux, et généralement sous toute forme perceptible à l'oreille ou à l'œil.

L'Obscurigraphotechnie s'applique particulièrement au déchiffrement des écritures anciennes à quelque siècle qu'elles appartiennent, et se recommande à ce titre aux savans et aux archéologues, à la magistrature, au barreau, à MM. les notaires et experts-géomètres.

Basée sur les lois logiques et grammaticales, elle intéresse spécialement les établissemens d'instruction publique, parce qu'elle aide dans l'étude de la langue, ouvre et développe l'imagination et habitue à la comparaison qui fait les bonnes études et forme le jugement.

Fruit d'un travail long, pénible et consciencieux, la méthode de M. Mouchiroud s'adresse aux amis des sciences et des lettres, comme aux hommes du monde : elle offre surtout aux dames une source féconde de délassemens agréables et de combinaisons ingénieuses. Il n'est donc pas douteux qu'elle n'obtienne un succès d'estime et de bienveillance dans le monde comme elle l'a déja obtenu des corps savans les plus recommandables de France.

Ce qui doit surtout la propager, c'est qu'elle est sûre, infaillible, et tellement simple que chacun, avec une intelligence ordinaire et une instruction même superficielle, peut facilement l'apprendre en deux heures.

OBSCURIGRAPHOTECHNIE.

MÉTHODE MOUCHIROUD.

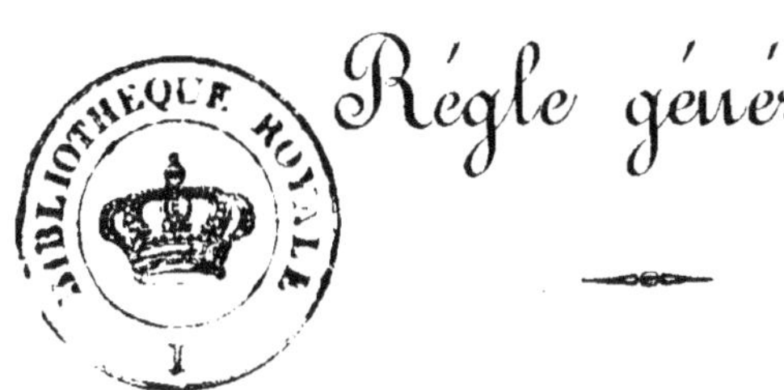

Régle générale.

Chaque fois que vous aurez découvert la valeur alphabétique de l'un des signes ou caractères inconnus, composant la pièce d'écriture que vous voulez déchiffrer, écrivez immédiatement au-dessous de ce signe la lettre correspondante, et, parcourant attentivement toute la phrase, écrivez la même lettre au-dessus de tous les signes semblables à celui déjà découvert.

Nous ne saurions trop recommander la rigoureuse observation de cette règle qui est, peut-être. la plus importante de notre méthode.

RÈGLES

POUR ARRIVER

à la connaissance des lettres.

I.

DE LA LETTRE **E**.

Commencez votre opération par la lettre E, car c'est celle qu'il importe de trouver la première.

Quatre caractères distinctifs doivent bientôt amener sa découverte.

1° L'E est la lettre qu'on rencontre le plus souvent dans le langage écrit : il est aux autres comme 20 est à 100 : c'est-à-dire, que dans une pièce d'écriture, il fournit à lui seul le cinquième des caractères.

2° L'E est la lettre qui se reproduit le plus

9

fréquemment à la fin des mots, et surtout des
mots de deux lettres: *ce*, *de*, *je*, *le*, *me*, *ne*,
se, *te*.

3° L'E est la seule lettre qui se triple immédiatement, comme dans *créée*, *agréée*, etc.

4° L'E est la seule lettre qui se double à la fin
des mots, comme dans *idée*, *pensée*, *fiancée*,
née, etc.

Cette règle n'admet d'exception qu'en faveur
de quelques noms propres, tirés des langues étran-
gères, comme *Vanloo*, *Waterloo*, *Scott*, *Ross*,
etc., etc.

Toutefois, défiez - vous de certaines phrases
dans lesquelles on aurait employé beaucoup de
pluriels, car alors vous auriez la finale S, et l'E
serait le signe pénultième, surtout si ce même
signe se reproduisait à la fin d'un ou de plusieurs
mots de deux lettres.

Exemple :

Les dames que nous avons vues sont de très-
belles femmes.

La lettre E étant connue, arrêtez-vous aux
accidens qui peuvent se présenter dans la phrase.

Ceux qui les premiers frapperont vos regards sont :

Les mots composés d'une seule lettre.

Les apostrophes.

Les traits-d'union.

Les mots très-longs.

II.

DES MOTS

COMPOSÉS D'UNE SEULE LETTRE.

Le mot composé d'une seule lettre sera presque toujours A, quelque fois Y, rarement O. Vous serez sûr que c'est A , si ce signe se reproduit à la fin d'un mot de deux lettres, ou, s'il est fréquent dans la phrase. Si vous rencontrez immédiatement deux mots composés d'une seule lettre, le premier sera Y, le second A. Ils seront A l'un et l'autre, s'ils sont représentés par le même signe. Si le mot composé d'une seule lettre était O, la phrase ou le membre de phrase se terminerait par un point d'admiration.

Exemple :

Il y a à peu près un an que tu n'es venu à ma campagne, ô mon ami !

III.

DE L'APOSTROPHE.

L'apostrophe indique l'élision d'une voyelle devant une autre voyelle ou une H muette commençant le mot suivant.

Une lettre seule devant l'apostrophe sera :
C, D, J, L, M, N, S ou T.

Deux lettres devant l'apostrophe donneront toujours QU'.

Quatre lettres devant l'apostrophe donneront : ENTR'.

Cinq lettres : JUSQU' ou CONTR'.

Six lettres : LORSQU', QUELQU', PRESQU' ou QUOIQU'.

Sept lettres : AUJOURD', et les trois lettres après l'apostrophe ne pourront être que HUI.

Remarquez que l'apostrophe se place quelquefois devant un mot commençant par une consonne.

Exemple :

Grand'mère, grand'chose, etc.

IV.

DES TRAITS-D'UNION.

Après un trait-d'union, on rencontre ordinairement l'un des mots suivans :

D'une lettre : Y.

De deux lettres : CE, CI, EN, IL, JE, LA, LE, ON, TU.

De trois lettres : ILS, LES, LUI, MOI, TOI.

De quatre lettres : ELLE, ÊTRE, LEUR, MÊME, NOUS, VOUS.

De cinq lettres : ELLES.

La lettre isolée entre deux traits-d'union ne

pourra être que A ou T. Dans le premier cas, le mot devant le premier trait-d'union est presque toujours semblable au mot qui vient après le second trait-d'union, comme : VIS-A-VIS, PEU-A-PEU, etc.

Lorsque le signe isolé entre deux traits-d'union, représente la lettre euphonique T, le mot qui vient après le second trait-d'union ne sera jamais qu'un de ces trois :

IL, ON ou ELLE.

V.

DES MOTS TRÈS-LONGS.

Les mots très-longs sont ceux qui ont dix, douze lettres et plus.

La plupart de ces mots présentent une finale régulière dans laquelle la même lettre se répète à des places marquées.

La finale comprend les cinq ou six dernières lettres du mot.

Les lettres de la finale se comptent ainsi qu'il suit :

La dernière se nomme *Ultième*.

L'avant-dernière, *Pénultième*.

Celles avant se nomment 3e, 4e, 5e, 6e rétrogrades, c'est-à-dire, qu'elles sont les 3e, 4e, 5e, 6e, en comptant la dernière lettre du mot pour la première.

$$\overset{5\ 4\ 3\ 2\ 1}{\text{PRINCIPAL}|\text{EMENT.}}$$

$$\overset{6\ 5\ 4\ 3\ 2\ 1}{\text{ANTHOM}|\text{OLOGIE.}}$$

Ces principes posés, et la lettre E étant connue, si cette lettre se présente aux signes 3e et 5e rétrogrades d'un long mot, on aura la finale $\overset{5\ 4\ 3\ 2\ 1}{\text{EMENT}}$, pour les substantifs tels que, *appartetement*, *Bombardement*, et pour tous les adverbes tirés des adjectifs qualificatifs tels que, *agréablement*, *principalement*, etc.

Quelquefois et par exception, cette finale pourrait être ÈRENT pour les verbes de la première conjugaison, à la troisième personne pluriel du passé défini ; encore cette exception est-elle de peu d'importance, puisqu'elle ne porte que sur la 4e rétrograde, et que l'ultième et la pénultième restent les mêmes.

Les autres finales régulières se présentent rarement et ne sont, à proprement parler, que des exceptions.

Nous allons en donner la nomenclature.

E 3e et 5e rétrogrades donne la finale :

5 3
EMENT. *Convenablement.*

Et par exception la finale :

5 3
ERENT. *Commandèrent.*

E 3e et 6e rétrogrades et 4e et 5e rétrogrades semblables :

6 5 4 3
EMMENT. *Conséquemment.*

E pénultième, 3e et 4e rétrogrades semblables:

5 3 2
ICIEN. *Mathématicien.*

Exception :

5 3 2
UQUES. *Perruques.*

Pour le pluriel des mots en UQUE.

E ultième, 3e et 5e semblables :

ICITÉ. *Complicité.*

IDITÉ. *Avidité.*

ILITÉ. *Imbécilité.*

IMITÉ. *Intimité.*

INITÉ. *Affinité.*

IPITÉ. *Précipité.*

ISITÉ. *Visité.*

IVITÉ. *Activité.*

Toutes ces finales ne diffèrent entr'elles que par la 4ᵉ rétrograde.

EXCEPTIONS :

ONOME. *Agronome.*

GOGUE. *Synagogue.*

E ultième, 4ᵉ et 6ᵉ rétrogrades semblables :

OLOGIE· *Chronologie.*

OLOGUE. *Martyrologue.*

ONOMIE. *Astronomie.*

Finale sans E, 3ᵉ et 5ᵉ rétrogrades semblables :

ICION· *Suspicion.*

ISION. *Indivision.*

ITION. *Contrition.*

IGION. pour ce seul mot *religion.*

La seule différence qui existe entre ces finales, ne consiste que dans la 4ᵉ rétrograde.

Autre finale sans E, 3ᵉ et 6ᵉ rétrogrades semblables :

MISSION, *Commission.*

Les autres mots longs, qui n'ont pas de finale régulière, se terminent par ENCE, ION, TÉ ou ANT.

Les exceptions énumérées ci-dessus, ne sont pas les seules ; il en subsiste encore quelques autres mais en fort petit nombre, et trop peu importantes pour qu'elles méritent une mention.

VI.

DES MOTS

DE DEUX LETTRES.

Commençant par A :
Ah ! Ai, Aï, An, As, Au.

Finissant par A :
Ça, Fa, La, Ma, Sa, Ta, Va.

Commençant par E :
Eh ! En, Es, Et, Eu, Ex.

Finissant par E :
Cé, De, Dé, Je, Le, Me, Ne, Se, Ré, Te.

Commençant par I :
If, Il.

Finissant par I :
Ci, Fi! Mi, Si.

Commençant par O :
Oh! On, Or, Os, Ou.

Finissant par O :
Co-, Do.

Commençant par U :
Un, Us, Ut.

Finissant par U :
Bu, Du, Eu, Lu, Mu, Nu, Pu, Su, Tu, Vu.

VII.

DES MOTS

DE TROIS LETTRES.

Dont la première est semblable à la dernière :
*Aga, Ana, Ère, Été, Eve, Eue, Ici, Non, Sas,
Ses, Sis, Sus, Têt, Tôt, Tût,* (du verbe se taire).

Les plus fréquens sont : *Été*, *Eue*, *Ici*, *Non* et *Ses*.

Ayant les deux dernières semblables :

Fée, *Née*.

Un mot de trois lettres, dont la première est E et les deux autres dissemblables, sera presque toujours EST.

Quelquefois, et par exception, il pourrait donner *Ecu*, *Elu*, *Emu*, *Epi*, *Eut*, *Eux*.

Les mots de trois lettres, qui ont l'E au milieu, se terminent presque toujours par S.

Exceptions :

Bec, *Bel*, *Cep*, *Cet*, *Dey*, *Fer*, *Feu*, *Gel*, *Jeu*, *Mer*, *Met*, *Nef*, *Net*, *Pet*, *Peu*, *Ret*, *Rèz*, *Sec*, *Sel*, *Tel*, *Ver*, *Vet*.

Parmi les mots de trois lettres qui se terminent par E, ceux qu'on rencontre très-fréquemment sont *Que* et *Une*.

Les autres sont :

Age, *Aie*, *Ale*, *Ame*, *Ane*, *Are*, *Ave*, *Axe*, *Blé*, *Bue*, *Clé*, *Due*, *Fie*, *Gré*, *Ile*, *Ire*, *Lie*, *Lue*, *Mie*, *Mue*, *Nie*, *Nue*, *Ode*, *Oie*, *Ose*, *Ote*, *Pie*, *Pré*, *Rie*, *Rue*, *Thé*, *Tue*, *Use*, *Vie*, *Zoé*.

VIII.

MOTS DE QUATRE LETTRES.

Ayant les deux extrêmes semblables et les deux moyennes aussi semblables.

Alla, (du verbe aller) *Anna*, (nom de femme) *Elle*, *Erre*, (de verbe errer).

Le plus usité est *Elle*.

Quelques mots de cinq lettres ont de l'analogie avec elle ; ce sont : *belle, celle, pelle, telle*, qu'il ne faut pas confondre avec : *cette, dette, nette*, etc., *terre, serre, ferre, verre*, etc., *messe, cesse*, etc., *femme*, etc., *penne*, etc.

Les mots de quatre lettres qui ont les deux extrêmes semblables, et les moyennes dissemblables, sont :

Aima, aura, arma, cric, crac, croc, dard, être, fief, grog, nain, ruer, sans, sais, sois, suis, sous, sacs, sers, sels, sots, socs, sons, sens, tant, tail, tint, tout, toit, tort, tact.

Les plus usités sont : *être, sans, suis, sous, tant* et *tout.*

Ayant les deux premières semblables aux deux dernières : *baba*, *bibi*, *coco*, *dada*, *Isis*, *même*, *papa*, *Pépé*, *tête*, *titi*.

Nous n'avons pas besoin de dire que les plus usités sont : *même*, *papa* et *tête*.

Quelques mots de six lettres présentent le même caractère ; ce sont : *bonbon*, *coucou*, *cancan*, *joujou*, *tamtam*, etc.

Remarquez le mot CHERCHER de huit lettres dont les quatre premières sont semblables aux quatre dernières.

IX.

DES MOTS

QUI SE DOUBLENT IMMÉDIATEMENT.

Les mots qui se doublent immédiatement sont :

D'une lettre, A.
De deux lettres, EN.
De quatre lettres, NOUS et VOUS.
De cinq lettres, FAIRE.

Exemples :

Il a à sortir.

On s'habitue au vin en en buvant beaucoup.

Nous nous sommes alarmés lorsque vous vous êtes éloignés.

Je veux vous faire faire la paix.

X.

MANIÈRE

DE COMPLÉTER LES MOTS.

Lorsqu'il ne vous manquera plus qu'une lettre pour compléter la traduction d'un mot, placez par la pensée au-dessus du signe inconnu, successivement toutes les lettres de l'alphabet, et arrêtez-vous à celle qui vous donnera le mot entier en examinant, lorsque ce signe se répète, si la lettre que vous adoptez, convient aux autres mots ou vous devez également l'intercaler.

Exemple :

6 2 3 2   4 5 6 1 4 0 7   4 8 7 + 2 ⸺ ⸺ 2 ✕ - ∧ 8 1 ⸺.
　e r e　　　a u i u　　　on f c s　 s c z - vou s.

Il est évident, qu'après avoir essayé toutes les

lettres de l'alphabet, la lettre P est la seule qui convienne au 6, ce qui vous donnera PÈRE, et pour le second mot . APU . IN. Il est évident encore que le C sera la seule lettre qui convienne au 4, puisqu'elle vous complète le mot CAPUCIN et le mot CONFESSEZ.

FIN.

Au Puy, imp. de F.-M. CLET.

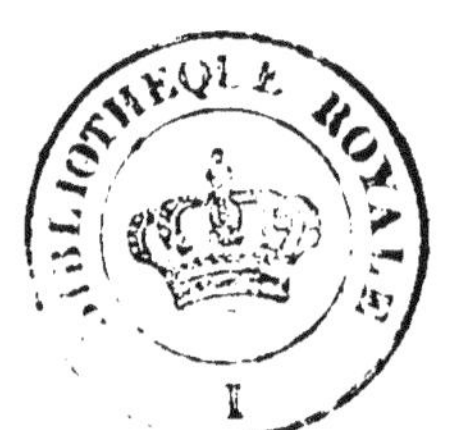